KB152302

미코의 고민 해결책

정답이
필요한
너에게

HAKSAN

너에게

누구나 종종 크고 작은 고민을 맞닥뜨리곤 해.
이 책을 펼친 너에게도 해결하고 싶은 일이 있겠지?
그런 너에게, 이 책이 꼭 맞은 해답이 될 수는 없어도
네가 찾는 답의 조그마한 나침반이 되었으면 좋겠어.

How to read

책을 덮은 채
왼쪽 손을 책에 올려 봐.

네가 하고 싶은 질문을 떠올려.
질문은 한 번에 하나씩만
떠올리는 게 좋아.

오른손 손가락으로
책 페이지의 모서리를 훑어.

느낌이 오는 곳에 손가락을 멈추고,
그 페이지를 펼쳐 봐. 네 질문에
대한 답이 적혀 있을 거야.

 Love Lucky Money

잘하고 있어!

넌 할 수 있어!

너랑 안 맞아.

솔직하게 모든 걸
이야기하자.

다시
생각해 보자…!

그냥
받아들이는 건
어때?

언젠가 진심이
닿을 거야.

아무래도 오해가
있는 것 같은데?

참는 건
이제 그만!

새롭게
시작해.

조금만
기다려 보자.

좋은 일이
생길 거야!

행운이
찾아올 거야!

많은 걸 바라면
안 돼.

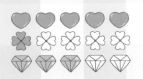

기회는 바로
지금이야!

네가 원하는 걸
해도 좋아!

네 잘못이
아니야.

절대 안 돼!

아무
걱정하지 마.

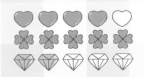

누구에게나
힘든 순간은 있어.

너의 느낌을
믿어.

자꾸만
고집부리지 마.

끝날 때까지
끝난 게 아니야!

남들이 널
어떻게 생각하는지
신경 쓰지 마.

지금도 충분히
잘하고 있어.

더 이상 미루면
안 돼.

잠시
쉬어 가는 건
어떨까?

온 우주가
너를 응원해!

새로운 길을
찾아보자.

언젠가
반짝일 거야.

자신감이
조금 더 필요해!

시간
낭비하지 마.

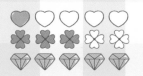

꿈은
이루어질 거야.

너무 늦었어….

너의 선택을
믿어!

말보다 행동으로
보여 주자.

많은 게
달라질 거야.

조금 더
욕심내도
괜찮아.

후회해도
소용없어.

고민을
나눠 봐!

조금 더 노력해!

너 스스로를
믿지 마.

라이벌이
나타날 거야.

분명
이루어질 거야!

또 다른 방법이
있을 거야!

조금 더 깊게
생각해.

특별한 일이
벌어질 거야.

스스로에게
솔직해 봐.

지금이 아니면
잃어버리게
될 거야.

조금만 시간을
가져 보자.

네가 하기
나름이야.

숨어 있는 뜻을
잘 살펴봐.

너와 항상
함께할 거야.

더 힘들어질 것
같아.

모든 게
마법처럼
이루어질 거야.

너의 진심을
보여 줘.

헷갈리면
안 돼!

무조건 잠수!

혼자 해결하기
어려울 거야.

비밀은 꼭
지켜야 해.

힘들어도
조금만 참자.

먼저 손을
내밀어도 좋아.

슬프지만,
울게 될 일이
생길 거야.

서두르다
넘어질 수도 있어.

쉽게
이루어지지
않을 거야.

두근두근,
달콤할 거야!

자꾸만
핑계 대지 마.

이제 포기해.

조금 거리를
두자.

힘내!

생각과는
반대로!

기회를 기다리자.

오해는 빨리
푸는 게 좋아.

정답은
바로 옆에 있어.

시간이
더 필요해.

바쁘다, 바빠!

어떤 선택이든
바로 그게
정답이야!

변화를
두려워하지 마.

흔들리지 마.

우연이 아니야.

넌 너무
생각이 많아.

누군가의 이야기에
좀 더 귀 기울이자.

응, 맞아!

희망이
싹트고 있어.

오늘보다
더 나은 내일이
될 거야.

부끄러워
하지 마.

대화가 필요해.

조금 더
다정하게.

행복은
이미 완성됐어!

잠시 그대로.

온전한
너의 세상이야.

한 번 더 도전!

괜찮아,
아직
늦지 않았어.

소중한 걸
잃어버릴 수도
있어.

기대해도 좋아!

새로운 문이
활짝 열릴 거야.

약속은 꼭
지켜야 해!

어쩔 수 없는
일이야.

수고했어,
오늘도.

겁내지
않아도 돼.

단순하게
생각해.

부족할수록
더 열심히!

네 안을
들여다봐.

더 복잡해질
수도 있어.

계획대로
되지 않아.

상상하는 그대로!

넘어져도 곧
다시 일어날 거야!

너는 네가
믿는 것보다
더 용감해.

우울해 하지 마.

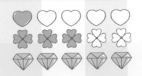

너는 그대로
빛나는 존재야!

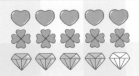

상처받을 수도
있어.

시간이
해결해 줄 거야.

진심을 다해서.

행복한 일은
매일 있어.

노력한 만큼
기쁨이
찾아올 거야.

모든 게
괜찮아질 거야.

행복도, 불행도
내가 만드는 거야.

차근차근,
차분하게.

실수해도
괜찮아.

좋은 에너지가
가득해.

선물 같은 일이
생길 거야.

보이지 않아도
느낄 수 있어.

사랑이
활짝 꽃필 거야.

네 마음을
따라가.

평범한 게
가장 좋을 수도 있어.

도망쳐도
괜찮아.

의심하지 마.

다음번엔
더 잘될 거야.

상처받은 만큼
행복해질 거야.

토닥토닥,
안아 줄게.

조금 늦어도
괜찮아.

도움이
필요할 거야.

넌 혼자가
아니야.

모든 일은
유연하게!

모험을 해 봐.

닮아 가고 있어.

언젠가 다시
만나게 될 거야.

눈치 보지 마!

부족한 부분을
채우자.

설렘 가득!

언젠가
좋은 날이 올 거야.

이해하고
받아들이자!

안 돼,
아직 아니야!

익숙한 듯
새롭게?

괜찮지
않을 때도
종종 있지.

초조해
하지 마.

일상을
놓치지 말자.

마음이
다 같을 수는 없어.

욕심내지 마.

너무 소중해.

두근두근 설레는
소녀 감성 러블리 팬시
미코캐릭터즈

유니크한 그림체와 수줍은 표정의 미코는
10대 소녀들의 감성을 대표하는 브랜드입니다.
패셔니스타를 꿈꾸는 고양이 '무스',
세상에서 가장 맛있는 카페라떼를 만드는 곰돌이 '라떼',
메이크업과 쇼핑에 진심인 토끼 '캐미',
라떼의 단짝이자 세계 최강 애교쟁이 강아지 '수플레'가
사랑스럽고 세련된 소녀들의 하루를 동경하는
일상을 그려 내고 있습니다.

미코의 고민 해결책

정답이 필요한 너에게

2024년 6월 15일 초판 인쇄 | 2024년 6월 25일 초판 발행 | **발행인** 정동훈 | **편집인** 여영아
편집 김지현, 김학림, 김상범, 변지현 | **디자인** 장현순, 김지수 | **제작** 김종훈 | **발행처** 학산문화사
등록 1995년 7월 1일 제3-632호 | **주소** 서울시 동작구 상도로 282
전화 (편집) 828-8826, 8871 (주문) 828-8962 | **팩스** 823-5109
홈페이지 http://www.haksanpub.co.kr | ISBN 979-11-411-3986-5